Extrait des Archives du Comice agricole
de l'Arrondissement de Lille.

RAPPORT

SUR UN VEAU MONSTRUEUX

Par M. Dareste.

∾∾◦◦⦿◦◦∾∾

LILLE

2,723

TYP. DE BLOCQUEL-CASTIAUX, GRANDE PLACE, 18

1867

Extrait des Archives du Comice agricole
de l'Arrondissement de Lille.

RAPPORT

SUR UN VEAU MONSTRUEUX

Par M. Dareste.

M. Lesage, vétérinaire à La Bassée, a fait don, au Musée d'Histoire Naturelle de Lille, d'un veau mort à deux mois, et qui présentait dans sa conformation un certain nombre d'anomalies fort curieuses à divers titres. (*)

(*) Voici quelques documents qui m'ont été transmis par M. Lesage, à qui j'avais demandé si la naissance, la vie et la mort de cet animal avaient présenté quelques particularités intéressantes.

« Je ne pourrais vous donner que peu de renseignements sur le veau que je vous ai envoyé ; car il était dans une ferme a quelques kilomètres de chez moi, où il était nourri, et où il est mort.

« Il est sorti du ventre de sa mère tout à fait naturellement. Quand au bout de quelques heures on a voulu le faire boire: ,on apprend les veaux en leur mettant le bout des doigts dans la gueule), il serrait la mâchoire à faire mal, et l'on eût dit qu'il lapait comme le chien, plutôt que d'avaler par succion. Sa voix tenait autant du chien que du veau. Le jour où il est mort, depuis une heure du matin jusqu'à

La tête de ce veau se caractérise à l'extérieur par un très-grand raccourcissement de la mâchoire supérieure, et par la position des narines, dont l'ouverture, au lieu d'occuper l'extrémité du mufle, est située dans sa région supérieure. La mâchoire inférieure, beaucoup plus longue que la mâchoire supérieure, la déborde en avant de telle sorte que les dents incisives se trouvent en avant du bord antérieur de la mâchoire supérieure. Cette déformation de la tête traduit à l'extérieur des faits ostéologiques remarquables et qui constituent, à beaucoup d'égards, une déviation très-notable du type spécifique.

Les os propres du nez, aussi larges que dans l'état ordinaire, sont très-raccourcis d'avant en arrière. Leur longueur ne dépasse pas 0^m, 03 ; tandis que, dans un veau mort-né que j'ai sous les yeux, elle est de 0^m, 06. Or, il résulte de l'extrême raccourcissement de ces os, une disposition fort remarquable de l'ouverture antérieure de la cavité nasale.

Dans presque toutes les variétés du bœuf ordinaire, et dans plusieurs espèces sauvages du genre Bœuf, le Buffle, l'Arni, le Buffle du Cap, les os propres du nez sont en rapport, par leur bord externe, avec trois os, le lacrymal qui, chez tous les Ruminants, fait partie de la joue, le maxillaire supérieur, puis l'intermaxillaire.

Dans d'autres espèces, les intermaxillaires ne s'articulent point avec les os propres du nez ; d'où il résulte que ces derniers os n'ont de rapport qu'avec les maxillaires supérieurs

---

six, le domestique qui le soignait m'a dit qu'il n'avait fait que hurler à faire peur. Il est mort d'une maladie articulaire. »

Ce dernier détail résultait évidemment de la disposition anormale des articulations des membres, qui frottaient contre le sol, et dont la peau était écorchée.

et avec les lacrymaux. Tels sont l'Aurochs , le Bison , l'Yak , le Zébu , l'Ovibos.

On voit donc que, dans les espèces du genre Bœuf , le contour osseux de l'orifice antérieur des fosses nasales est formé tantôt par trois os, les nasaux , les maxillaires et les intermaxillaires, et tantôt par deux os seulement , les nasaux et les maxillaires. Ce dernier fait n'est pas particulier à certaines espèces de Bœufs ; on le retrouve encore , dans l'ordre des Ruminants , chez le Chameau, l'Elan et le Renne ; dans l'ordre des Pachydermes , chez le Tapir , le Rhinocéros , et aussi chez les Paléothériums. (*)

La tête osseuse du veau que j'ai sous les yeux, présente des particularités ostéologiques toutes nouvelles, et beaucoup plus remarquables encore. Il résulte en effet du raccourcissement extrême des nasaux que ces os ne sont plus en rapport par leur bord extérieur qu'avec l'os lacrymal , et qu'ils sont complétement séparés non-seulement des intermaxillaires , mais encore des maxillaires eux-mêmes. Il en résulte encore que le contour de l'orifice antérieur des fosses nasales est formé d'une manière tout à fait insolite, en haut par les nasaux, dans la région moyenne par les lacrymaux , en bas par les intermaxillaires. Cette disposition du squelette des fosses nasales est d'autant plus intéressante qu'elle n'existe , à ma connaissance du moins, dans aucun autre ruminant , et à bien plus forte raison , dans aucun autre mammifère ; puisque les Ruminants sont les seuls mammifères chez lesquels l'os lacry-

(*) On peut présumer qu'une semblable disposition existait aussi chez le grand Ruminant fossile que MM. FALCONER et CAUTLEY ont découvert, il y a plus de trente ans dans les monts Siwalik et décrit sous le nom de *Sivathérium.* Mais la pièce qu'ils ont décrite , et qui est encore unique, ne permet pas actuellement de décider la question.

mal sort de l'orbite, pour s'étendre sur la mâchoire supérieure entre le maxillaire supérieur et l'os nasal. Assurément, si l'on ignorait l'origine de la tête osseuse dont je donne ici la description, on serait tenté d'y voir les caractères d'une espèce, peut-être même d'un genre particulier.

Un second caractère, qui dérive naturellement du premier, est qu'il n'existe point ici, comme chez les autres Ruminants, d'espace triangulaire vide entre les nasaux et les os maxillaires ou intermaxillaires.

Les os de la mâchoire supérieure sont eux-mêmes considérablement raccourcis, et en même temps, leur forme est un peu modifiée. Le bord alvéolaire des maxillaires est très-arqué et forme une courbe à convexité extérieure. L'intermaxillaire est très-court, et beaucoup moins oblique que dans l'état normal. Ici sa longueur n'est que de 0^m, 05 tandis qu'elle atteint 0^m, 06 dans le veau mort-né qui me sert de terme de comparaison. Il n'existe encore à cette mâchoire supérieure que les trois prémolaires de lait : par suite de la courbure de la mâchoire, la direction de la première de ces dents est très-oblique, et presque perpendiculaire sur la direction des deux autres.

La mâchoire inférieure, dont le développement s'est opéré d'une manière complète, est remarquable par la courbure que présente sa branche horizontale, qui se retrouve dans toutes les races d'animaux domestiques caractérisées par le développement inégal des mâchoires. Elle porte, comme la mâchoire supérieure, les trois prémolaires de la première dentition qui ne présentent aucune anomalie. Mais il n'en est pas de même des incisives, qui, étant comme d'ordinaire au nombre de huit, sont très-inégales en volume, et diffèrent les unes des autres par leur mode d'implantation. Les dents de la paire moyenne sont beaucoup plus grandes que les autres. Celles de la seconde paire, pressées entre les dents de la première paire et celles de la troisième, sont très-petites, et se sont placées perpendiculairement à la direction des autres, au lieu de se placer en série. La troisième paire reprend sa place dans la série normale. Enfin la quatrième, moins développée, s'est encore placée un peu obliquement par rapport aux autres.

Le tronc ne présente que de très-légères anomalies. On voit au sternum un enfoncement considérable. La queue est très-courte, et réduite à trois vertèbres rudimentaires, au lieu des dix-huit qui forment le nombre normal.

Les membres sont remarquables par leur brièveté. Cette brièveté dépend surtout du raccourcissement de l'avant-bras et de la jambe qui est, proportionnellement, beaucoup plus prononcé que celui des autres segments des membres. Chez le Bœuf, dans les proportions ordinaires, les segments des membres vont en diminuant de longueur, du segment supérieur au segment inférieur; comme on peut en juger par les mesures suivantes prises sur un squelette de Bœuf adulte :

Membre extérieur	1,^{m}04
Humérus	0, 32
Radius	0, 30
Canon	0, 22
Membre postérieur	1, 33
Fémur	0, 43
Tibia	0, 35
Canon	0, 23

Les mesures prises sur le squelette du veau monstrueux donnent des proportions différentes :

Humérus	0,^{m}15

Radius	0, 095
Canon	0, 09
Fémur	0, 18
Tibia	0, 092
Canon	0, 108

Ainsi, le Radius dépasse à peine la longueur du Canon du membre antérieur, et le Tibia est plus court que le Canon postérieur.

Mais ce raccourcissement des membres peut sembler, à certains égards, compensé par le développement [en largeur des os qui les composent. L'épaisseur du radius, au milieu de la diaphyse, est de $0^m,03$, et dans la tête articulaire supérieure de $0^m, 042$, en d'autres termes, elle a, dans le premier cas, le tiers, et dans le second, presque la moitié de sa longueur $0^m, 095$. Le cubitus et la tête inférieure de l'humérus présentent, de même, un énorme développement. Un pareil fait existe au membre postérieur. L'extrémité inférieure du fémur et le tibia sont énormes. Voici l'épaisseur du tibia : $0^m, 036$ au milieu de la diaphyse, et $0^m, 062$ à son extrémité supérieure ; c'est-à-dire, le tiers, puis les deux tiers de la longueur $0^m,092$. Un fait intéressant c'est l'existence de péronés complétement développés et s'étendant de l'articulation supérieure de la jambe à son articulation inférieure. On sait que les Chevrotains sont les seuls animaux de l'ordre des Ruminants, qui possèdent un péroné complet. Partout ailleurs cet os se trouve réduit à son épiphyse inférieure, celle qui constitue la malléole externe. Ces péronés sont d'ailleurs très-grêles, et leur gracilité contraste fortement avec l'énorme épaisseur des tibias.

L'articulation des pattes antérieures sur l'avant-bras présente une déviation qui constitue une véritable main-bot, si l'on peut parler ainsi. La surface articulaire inférieure du radius est partagée en deux parties très-inégales. La facette articulaire qui répond au scaphoïde est beaucoup plus basse que celles qui répondent au semi-lunaire et au cunéiforme. L'articulation carpienne du cubitus est, par la même raison, beaucoup plus élevée que la facette articulaire du radius qui correspond au scaphoïde. Il résulte de cette disposition de l'articulation que le métacarpe et les doigts sont déjetés en dehors. En même temps, les ligaments articulaires maintiennent le métacarpe et les doigts dans un état de flexion forcée sur le carpe, flexion tout à fait contraire à l'état normal. Quant aux déviations du membre postérieur, elles tiennent seulement aux ligaments qui maintiennent le pied dans un état de flexion permanente sur la jambe, et qui rappelle, mais de loin seulement, l'espèce de pied-bot que les chirurgiens désignent sous le nom de *talus*.

J'ai voulu savoir si l'on avait déjà décrit des veaux présentant de semblables anomalies. Je n'ai trouvé jusqu'à présent qu'un seul fait qui paraisse rappeler celui dont je viens de donner la description. Il est dû à Daubenton. Je le rapporte en entier :

« Cette tête n'a que dix pouces et demi de circonférence prise au-dessous des yeux. La fontanelle est fort ouverte, la tête, posée sur la mâchoire inférieure, a quatre pouces et demi de hauteur, le corps de la mâchoire inférieure est fort convexe en-dessous sur sa longueur, et beaucoup plus à proportion qu'il ne l'est dans l'adulte; la mâchoire supérieure est enfoncée à l'endroit qui se trouve au-dessous des os propres du nez ; elle est comprimée par les côtés, au-devant de cet enfoncement, et tournée à droite dans toute sa longueur jusqu'à son extrémité qui n'est pas, à beaucoup près, aussi avancée que la mâchoire inférieure, dont l'extrémité antérieure est dirigée en haut, et dont les dents sont rangées les unes devant les autres. (*)

Quoique cette description soit fort incomplète, elle indique au moins le fait de l'inégalité des deux mâchoires, et fait supposer que cette inégalité s'accompagnait de caractères ostéologiques comparables à ceux que je viens de décrire.

Du reste, si ces anomalies sont legères et si elles n'ont par elles-mêmes qu'une assez médiocre importance, elles deviennent très-intéressantes, quand on les rattache à un certain nombre de faits qui concernent l'histoire des races chez les animaux domestiques.

Il a existé, en effet, dans certaines parties de l'Amérique du Sud, une race de Bœufs dont la tête, raccourcie d'arrière en avant, et présentant en avant une saillie du maxillaire inférieur, reproduisait plusieurs des caractères que je viens de décrire. Nous connaissons cette race par les récits de M. Lacordaire et de M. Darwin qui l'un et l'autre ont eu occasion de l'observer dans les plaines de l'Amérique du Sud.

M. Lacordaire, après avoir parlé de la race ordinaire de bœufs que l'on élève dans les Pampas de l'Amérique du Sud, ajoute : « Il existe en outre une variété constante qui se distingue de la race ordinaire par une taille moins élevée, des formes plus trapues, et surtout par la tête qui est ramassée, avec un mufle en quelque sorte écrasé. On appelle un bœuf de cette espèce, *niata* (camard). Quelques personnes ont voulu faire de cette variété une race distinctive; mais comme on connaît très-bien l'époque à laquelle le bétail a été introduit

---

(*) Daubenton, dans l'*Histoire Naturelle* de Buffon; tome IV, page 541.

dans les Pampas, et le nom des individus qui en amenèrent pour la première fois quelques têtes du Brésil, il ne peut y avoir aucun doute à cet égard. (*)

Quant à M. Darwin, il s'exprime ainsi :

« J'ai eu l'occasion de rencontrer deux fois dans cette province des bœufs d'une race très-curieuse, appelée *nata* ou *niata*.

« Leur front est très-court et large, l'extrémité nasale relevée et la lèvre supérieure tirée en arrière ; leurs mâchoires inférieures se projettent en avant des supérieures, et ont une courbure correspondante en haut ; aussi leurs dents sont-elles toujours découvertes. Leurs narines sont élevées et très-ouvertes ; leurs yeux sont projetés en dehors.

« Lorsqu'ils marchent, ils portent leur tête bas sur un cou court, et leurs jambes de derrière sont plutôt plus longues comparées aux jambes de devant, que chez les autres espèces. Leurs dents découvertes, leur tête courte et leurs narines relevées leur donnent l'air le plus comique de forfanterie qu'on puisse voir.

« Depuis mon retour, je me suis procuré un crâne, que je dois à l'obligeance de mon ami, le capitaine Sulivan, crâne qui est maintenant déposé au collège de Chirurgiens. Don J. Muniz de Luxan a eu la bonté de me donner tous les détails qu'il a pu recueillir sur cette race. D'après lui, il paraît qu'il y a quatre-vingts ou quatre-vingt-dix ans, ces animaux étaient rares et regardés comme des curiosités à Buenos-Ayres. Tout le monde croit que la race est originaire du Sud de la Plata et que c'était une des plus communes. Même aujourd'hui, ceux qui sont élevés dans les provinces près de la Plata montrent une origine moins civilisée, en ce qu'ils sont plus sauvages

---

(*) Lacordaire. — *Une Estancia* (*Revue des Deux-Mondes* du 15 mars 1833. p. 598).

que le bétail commun , et en ce que la vache abandonne facilement son premier veau si on la visite trop souvent , ou si
on la tourmente. Un fait singulier, c'est qu'une structure presque semblable à la structure anormale de la race *niata* caractérise, comme me l'a dit le docteur Falconer, un grand ruminant
fossile de l'Inde, le *Sivatherium*.

« La race est très-bien assise , et un taureau niata et une
vache niata produisent invariablement des veaux niata. Un
taureau niata avec une vache ordinaire , ou le croisement
contraire, produisent des descendants ayant un caractère inter-
médiaire, mais dont les caractères niata sont très-développés.
D'après le senor Muniz , il est de toute évidence , contraire-
ment à la croyance commune d'agriculteurs dans des cas analo-
gues, que la vache niata croisée avec un taureau ordinaire
transmet les particularités d'une manière plus marquée que le
taureau niata lorsqu'il est croisé avec une vache ordinaire.
Lorsque le pâturage est assez long , le bétail niata mange
avec la langue et le palais comme le bétail ordinaire ; mais
pendant les grandes sécheresses , quand tant d'animaux péris-
sent , la race niata a un grand désavantage et serait exterminée
si on n'y faisait attention; car le bétail ordinaire, ainsi que les
chevaux, peuvent se nourrir en broutant avec leurs lèvres des
jeunes branches d'arbres et des roseaux , et les niatas ne le
peuvent pas parce que leurs lèvres ne se joignent pas. Aussi
on les voit périr avant le bétail ordinaire.

« Cela m'a frappé en me montrant combien nous sommes
peu capables de juger , d'après les habitudes ordinaires de la
vie , sur quelles circonstances , arrivant seulement à de longs
intervalles, on peut déterminer la rareté ou l'extinction d'une
espèce. » (*)

(*) Darwin. — *Journal of researches in to natural history and Geology*, p.
145.

Il paraît que cette race n'existe plus aujourd'hui. Je lis en effet, dans une discussion qui a eu lieu, relativement à cette race, au sein de la société d'anthropologie, les paroles suivantes :

M. Martin de Moussy : « Je viens de parcourir dans tous les sens le territoire de Buenos-Ayres... Quant aux bœufs de race *nata*, je n'en ai jamais entendu parler ; s'il y en a eu, il n'y en a certes plus : bien qu'ayant exploré très-attentivement toutes les *estancias* de quelque importance, je n'en ai jamais vu un seul exemple. Cette race au surplus n'offrirait que des inconvénients à être propagée, et les fermiers se seraient hâtés de la détruire, car leur intérêt est de produire des animaux grands, faciles à nourrir, et engraissant facilement... *Nata* est un adjectif espagnol indiquant un nez court et relevé. » (*)

Ce qui résulte de ces différents témoignages. c'est qu'il a existé, dans l'Amérique du Sud, une race bovine aujourd'hui perdue, qui semblait avoir, comme caractère héréditaire, une disposition du crâne tout à fait comparable à celle que je viens de décrire. J'aurais voulu m'en assurer : M. Darwin a rapporté et déposé au Musée du Collége des chirurgiens à Londres, une tête osseuse provenant de la race niata ; mais je n'ai pu voir cette tête non plus que les photographies qui en ont été faites. Il paraît que M. Waterhouse en a donné une description détaillée que je n'ai pu me procurer. M. Owen en a donné une description fort abrégée dont voici la traduction :

« Ce crâne est remarquable par l'arrêt de développement des nasaux, des prémaxillaires, et de la partie antérieure de la mâchoire inférieure qui est, d'une manière anormale, recourbée en haut, pour venir se mettre en contact avec les préma-

---

(*) *Bulletin de la Société d'anthropologie de Paris*. Tome IV, page 382.

xillaires. Les os nasaux n'ont qu'un tiers de leur longueur
ordinaire ; mais ils conservent presque entièrement leur
largeur normale. L'espace vide triangulaire reste entr'eux ,
le frontal et le lacrymal : *ce dernier os s'articule avec le pré-*
maxillaire, et il exclut ainsi le maxillaire de toute jonction
avec le nasal. Les cornes sont développées sur le frontal , dans
l'endroit où il forme les angles extérieurs de la crête surocci-
pitale. La dentition de l'âge adulte était produite dans cet
exemplaire. (*) »

Quelque brève que soit cette description , elle suffit cependant pour me donner la démonstration du fait que je ne pouvais
que supposer , c'est que les particularités ostéologiques si
curieuses du veau monstrueux qui fait le sujet de ce travail ,
sont précisément celles qui caractérisent la race niata. Il n'y a
de différence que pour un fait de peu d'importance. Les bœufs
niata avaient, comme les bœufs ordinaires, un espace triangulaire vide entre les nasaux et les frontaux d'une part , les
lacrymaux de l'autre. Cette espace manque complétement dans
la tête dont je viens de décrire l'ostéologie. Le veau qui forme
le sujet de ce mémoire était donc beaucoup plus éloigné du
type primitif que les bœufs niata eux-mêmes.

Ce fait de reproduction des caractères de la race niata, par
le veau que j'ai sous les yeux, a une très-grande importance ,
puisqu'il nous montre comment , dans une race domestique ,
peut naître, sans transition aucune, un individu présentant un
type notablement différent du type de sa race , et reproduisant
plus ou moins exactement le type d'une race toute autre. Et il
est bien évident qu'on ne peut expliquer un semblable fait par
l'*atavisme ;* car il n'a jamais existé en Europe de race bovine
avec les caractères de la vraie niata Que cet individu parvienne

---

(*) Owen. — *Catalogue descriptif de la collection ostéologique du Collège*
des Chirurgiens. 1853 , page 624.

à l'âge adulte, et qu'il se reproduise, les procédés de la sélection artificielle créeront une race là où il n'y avait d'abord qu'une simple individualité.

Ces considérations peuvent s'appliquer au mode de formation d'un certain nombre de races.

Il existe, en effet, parmi les animaux domestiques, plusieurs races dont la tête rappelle plus ou moins exactement celles des bœufs *niata*.

Telles sont les chèvres de la Haute-Egypte ou de la Nubie, dont je regrette de n'avoir pu étudier la tête osseuse ; mais qui présentent souvent le double caractère de l'inégalité des mâchoires et de la brièveté excessive des os du nez.

Telles sont encore les diverses races de dogues, parmi lesquelles la race des Carlins, à peu près éteinte en France, mais qui est encore, à ce qu'il paraît, commune en Angleterre, est remarquable par l'inégalité des mâchoires. M. Darwin a été très-frappé de la ressemblance de la tête des bœufs *niata* avec celle du dogue, dans laquelle d'ailleurs les anomalies ostéologiques sont beaucoup moins prononcées, puisque les os ne sont modifiés que dans leurs formes et leurs proportions, et non dans leurs connexions. Il est donc permis de croire, en l'absence de tout autre document, que ces races canines ou caprines résultent d'anomalies produites brusquement dans une autre race, et rendues héréditaires par la sélection.

Je ne connais point, dans le Mouton, de race présentant une semblable disposition des mâchoires. Mais dans cette espèce, cette anomalie peut se produire d'une manière sporadique : 1. Geoffroy Saint-Hilaire en cite un exemple : (*) « J'ai trouvé,

---

(*) Is. Geoffroy Saint-Hilaire. — *Traité de Tératologie*, tome I, page 258

dit-il , un cas de ce genre chez un agneau dont la mâchoire supérieure était extrêmement courte et en même temps serrée latéralement. » La contraction latérale de la mâchoire supérieure n'existe point dans la tête de veau dont je viens de donner la description ; mais elle se trouvait dans la description que Daubenton a donnée d'une autre tête , description qui a été rélatée plus haut.

De même que l'inégalité des mâchoires, la brièveté des membres , également observée dans notre veau monstrueux, est un caractère de certaines races domestiques. Il n'existe point , il est vrai , de semblables races dans l'espèce bovine. Mais il en existe chez les chiens ; et même certaines de ces races remontent à une très-haute antiquité, puisque le Basset est figuré sur les monuments de l'Egypte. Il en existe chez les chèvres , où certaines races sont caractérisées par l'extrême brièveté des membres. Or, il est permis de croire que toutes ces races d'animaux bassets proviennent d'anomalies rendues héréditaires et fixées par la sélection artificielle , puisque cette origine est incontestable pour la race de l'*ancon* , ou mouton loutre , créée, à la fin du siècle dernier, dans l'Amérique du Nord. Il existe d'ailleurs des exemples sporadiques , si l'on peut parler ainsi , de l'apparition de semblables animaux dans nos races ovines d'Europe.

Je dois ajouter ici que la brièveté des membres qui caractérise la race canine des bassets , et particulièrement celle des bassets à jambes torses , a été considérée souvent comme un effet du rachitisme. Mais l'examen des faits contredit cette manière de voir. Je n'ai malheureusement pas pu observer par moi-même des squelettes de bassets ; mais à défaut d'observations personnelles , je puis citer le témoignage de Daubenton , témoignage d'autant moins suspect qu'ainsi qu'on pourra le voir Daubenton croyait que l'anomalie des Bassets à jambes torses devait son origine à l'influence du rachitisme :

« Dans d'autres squelettes de Bassets à jambes torses, j'ai vu à peu près les mêmes difformités qui , dans la plupart , étaient moins apparentes ; je n'en ai aperçu aucune autre ; tous les os paraissaient très-bien conformés.... En général, on pouvait juger par leur consistance , même par celle des os difformes , qu'ils étaient tous très-sains, et que leur difformité venait plutôt d'un vice originaire de conformation que de l'effet actuel d'une maladie telle que le rachitisme. En effet , il ne paraît pas que les chiens bassets à jambes torses soient affectés d'aucune maladie, ils sont aussi forts et aussi ardents que ceux qui ont les jambes droites. Je regarde seulement la difformité de la jambe, comme un vice héréditaire qui passe d'une génération à l'autre; mais je ne suis point éloigné de croire que ce vice soit l'effet du rachitisme , dont les premiers chiens de cette race auront été affectés. La cause du mal a pu se détruire peu à peu, tandis que l'effet s'est maintenu et a passé jusqu'aux individus d'à présent. Nous voyons qu'il est d'autant plus sensible qu'il y a eu moins de mélange dans les accouplements qui les ont produits. N'y a-t-il pas lieu de croire aussi que des enfants qui viendraient de pères et mères rachitiques et difformes auraient les mêmes difformités pendant une longue suite de générations , sans que leurs descendants cessassent d'être différents. »

On voit par ce passage, que Daubenton , tout en attribuant au rachitisme l'origine de la race du basset, ne pouvait cependant fournir aucune preuve à l'appui de son opinion. Pour moi , cette race ne résulte point d'une maladie, mais bien d'une anomalie.

Les faits que je viens de rappeler dans ce travail ont donc en dehors de l'intérêt tout spécial qui s'attache à une conformation insolite , un intérêt beaucoup plus général ; puisqu'ils font connaître une méthode pour remonter à la formation de certaines races. Cette question de l'origine des races est actuellement l'une des plus difficiles et des plus obscures de l'histoire naturelle, mais je ne la crois pas au-dessus du pouvoir de la science ; et j'ai la conviction qu'en tenant compte de la production de ces anomalies légères de l'organisation , beaucoup trop négligées jusqu'à présent , on verra souvent ces anomalies réaliser les caractères distinctifs de certaines races.

EXPLICATION DES FIGURES :

(moitié de la longueur naturelle).

N.° 1. Vue de profil.	e. Maxillaire.	m. 3.ᵉ Incisive.
N.° 2. Vue de face.	f. Jugal.	n. 4.ᵉ Incisive.
N.° 3. Vue par-dessus.	g. Pariétal.	o. 1.ʳ Molaire sup.
	h. Temporal.	p. 2.ᵉ Molaire sup.
a. Nasal.	i. Occipital.	q. 3.ᵉ Molaire sup.
b. Frontal.	j. Maxillaire infér.	r. 1.ʳ Molaire infér.
c. Lacrymal.	k. 1.ʳ Incisive.	s. 2.ᵉ Molaire infér.
d. Intermaxillaire	l. 2.ᵉ Incisive.	

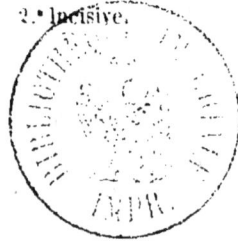

Lille, typ. de Blocquel-Castiaux, Grande Place, 13.

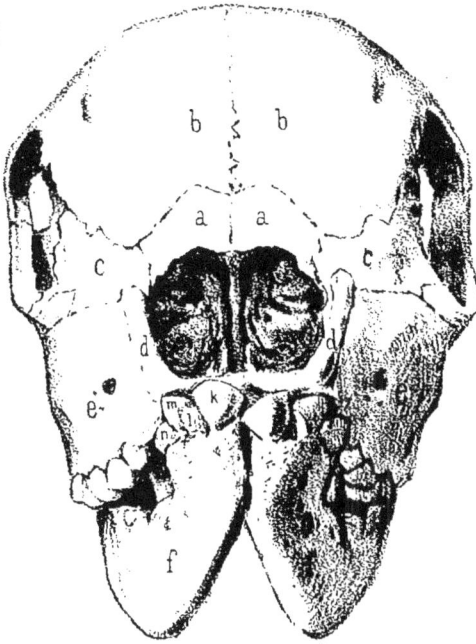

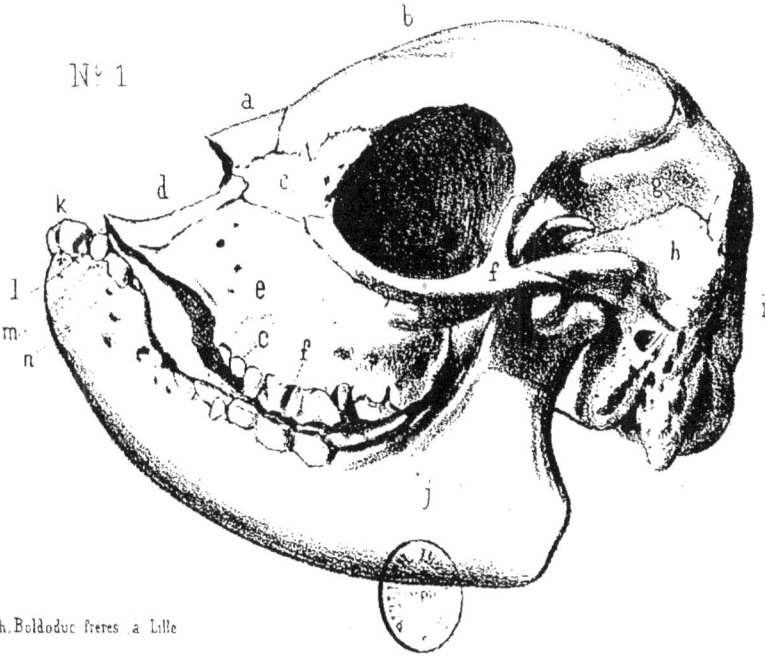

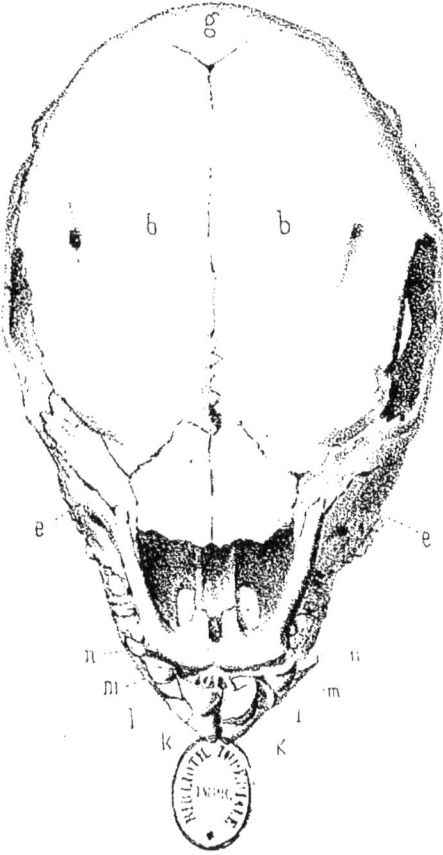

Idoduc frères à Lille

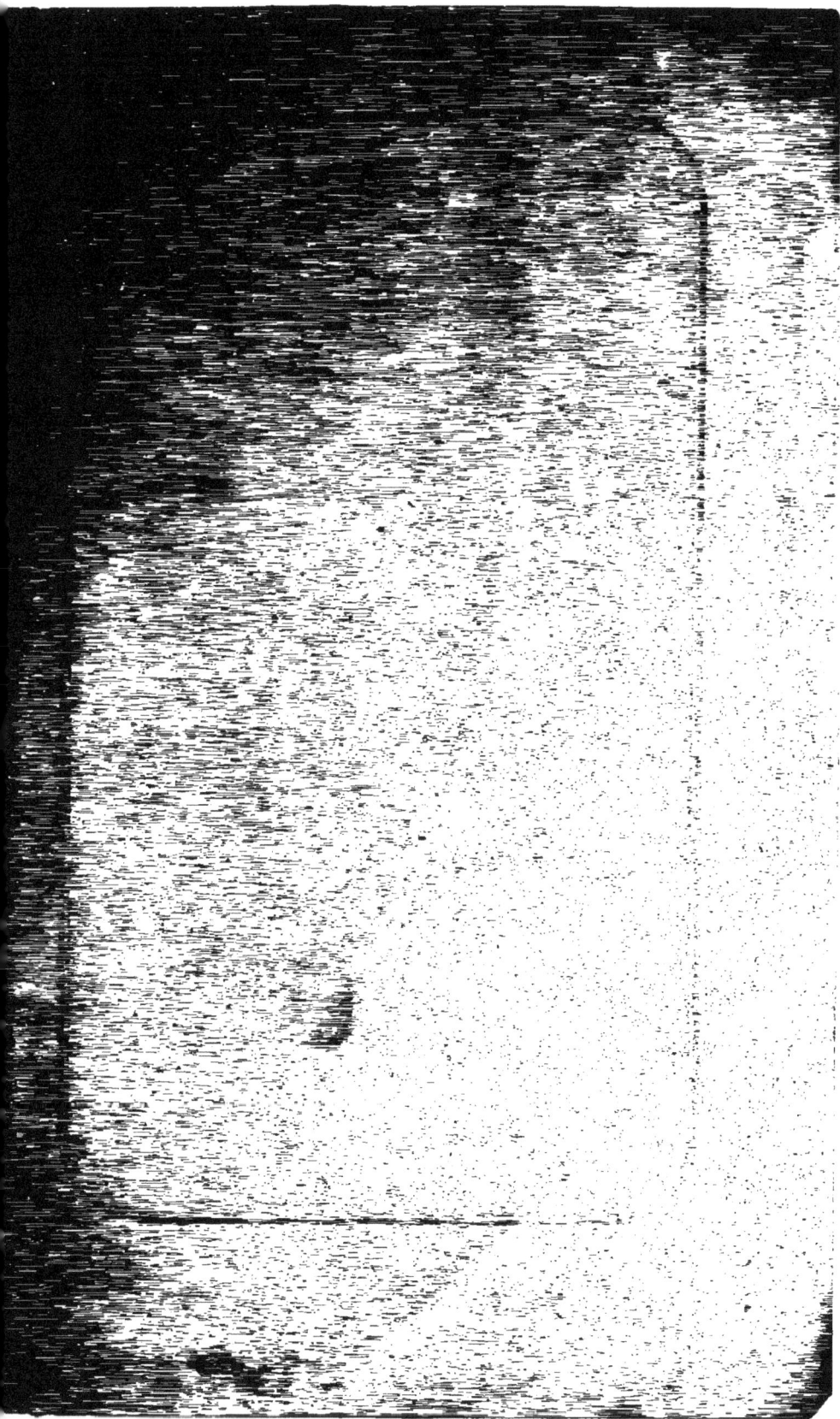

www.ingramcontent.com/pod-product-compliance
Lightning Source LLC
Chambersburg PA
CBHW060709280326
41933CB00012B/2370